AF294634

Solitude

Scoliose

Scolaire

Enfance

Colère

Collège

Corset

Une Enfance Scolereuse

Pour son deuxième livre, Ophélie Lebon a voulu partager les épreuves qu'elle a dû affronter pendant sa scolarité.

Elle est partagée entre la colère et la reconnaissance qu'elle a pour ses camarades.

La haine d'avoir été si souvent moquée et mise de côté. Et la fierté de ne jamais avoir cédé à la tentation de la soif de vengeance.

"Un même cauchemar donne une leçon au méchant et renseigne le bon" Alden Nowlan

"Vaincre la colère, c'est triompher de son plus grand ennemi" Publius Syrus

Une Enfance

Scolereuse

Deuxième livre d'Ophélie

PROLOGUE

Mes années scolaires n'ont pas été très jolies. Il y avait des journées roses mais souvent il arrivait que mes journées soient sombres.
Non je ne parle pas de la météo, je parle de mes sentiments.

Dans mon premier livre, je parlais aussi des points sombres de mon enfance. Mais seulement d'une petite partie : les terreurs nocturnes. Malheureusement vous n'aurez pas l'occasion de le lire, il n'a pas été publié.
Dans ce deuxième livre, je me dévoile un peu plus.
Vous découvrirez une partie de ma scolarité, de ce que j'ai dû, d'une certaine manière, endurer.

Vous vous demandez peut-être quel est ce mot inventé : "scolereuse" et bien, c'est tout simplement un mélange de colère, de scolaire et de scoliose.

La scoliose est considérée comme une maladie. C'est en fait un problème de dos qui se réveille souvent pendant notre enfance, au moment de notre croissance.
Plus précisément, la scoliose est une déviation permanente de la colonne vertébrale, liée à une rotation des vertèbres. Comme je vous l'ai dit, elle survient surtout dans l'enfance et l'adolescence, dû à la croissance, mais peut aussi se déclarer à l'âge adulte.
Ce n'est pas douloureux, enfin … pour ma part. Quoi que !
Douloureux sur le plan moral surtout !

QUELLE POISSE !

Ma maman s'énervait toujours après mes pantalons. Du jour au lendemain ils étaient trop courts, et ce n'était pas à cause d'un cycle un peu trop fort de la machine à laver. Ça aurait été trop beau pour être vrai !
Ça faisait "pêche aux moules" comme disait ma mère.
C'était la galère pour m'habiller ! Je grandissais trop vite, et dans mes pantalons, on le remarquait de suite.
J'avais une manche de pantalon (si on peut appeler ça une manche) plus grande que l'autre à chaque fois. Ce qui paraissait bizarre.
Si le pantalon avait rétréci, ce seraient les deux jambes qui seraient trop justes, pas qu'une.

Mon médecin traitant disait qu'il ne fallait pas dramatiser.
Il disait qu'avec le temps ça irait mieux, que j'allais grandir et mieux remplir mes pantalons.
A croire qu'on grandit d'un côté puis de l'autre. Si c'était le cas, on serait, tous, plus que bancale…

Un beau jour, ma mère, agacée de voir ça, prit rendez-vous chez le docteur Geneviève Canale. Une pédiatre qui connaît son boulot. Elle etait toujours pleine à craquer !

Nous avons réussi à obtenir un rendez-vous pour le mois d'après seulement.

Ma mère pensait que j'avais une jambe plus courte que l'autre et qu'il me faudrait, selon elle, une paire de semelles ou de talonnettes.

Arrive le jour J, la pédiatre écoute mon cœur, regarde mes oreilles, prend mon poids et ma taille, comme tout médecin ferait en début de consultation.

Elle finit par me placer dos au mur, les deux pieds bien encrés au sol et inspecte ma voûte plantaire.

Elle nous informe que je n'ai ni besoin de semelles ni de talonnettes, mais affirme mon problème de jambe. Pour elle, cet écart entre mes deux jambes viendrait de mon bassin ou de mon dos. Elle nous conseille donc de faire des radios pour en savoir plus.

Quelques jours plus tard, nous allons faire les radios comme prévu.

Docteur Canal avait raison. C'est bien un problème de dos qui me décale tout.

J'apprends que c'est une scoliose, que je vais donc porter un corset et je devrai me faire suivre à Marseille, à La Timone une fois tous les 3 mois.

SUPER ! J'étais loin d'imaginer ce que j'allais endurer.

J'allais donc, une fois tous les 3 mois, à l'hôpital de Marseille. Il fallait que je prenne l'ascenseur pour aller au 10 -ème étage faire ma consultation ainsi que le moule du corset.

Ensuite, je devais redescendre au 1er étage pour faire les radios.

J'en faisais généralement 2, avec et sans le corset pour voir la différence. Voir s'il me redressait bien le dos.

C'était le professeur Bolini et l'appareilleur Artufel qui me prenait en charge.

Ils étaient gentils, très professionnels. Mais parfois un peu trop durs avec moi.

On me reprochait de ne pas mettre assez souvent le corset. Pourtant je le mettais jour et nuit.

Ce n'était quand même pas ma faute si je grandissais trop vite?

J'aurais gardé le corset pendant 7 ans, de 2007 à 2014.

7ans ! Vous vous rendez compte ? 7ans de taule !

84 mois avec une carapace sur le dos !

Au début les 3 premières années je le portais que la nuit.
Ca pouvait aller. Bien que je ne sentais pas le matelas de
mon lit pour dormir. J'aurais pu dormir par terre c'était
la même finalement.

Point positif : quand on partait en camping je dormais
tout aussi bien que dans mon lit car ce corset était tout
aussi moelleux et douillé. Moelleux et douillé : un corset,
c'est ironique, bien entendu.

Ensuite, pendant 3 ans je l'ai porté jour et nuit et ma
dernière année je l'ai remis que la nuit.
En parallèle, je faisais beaucoup de kiné.
Si je ne me trompe pas j'y allais 2 à 3 fois par semaine.
J'aimais beaucoup y aller car nous rigolions bien. Tout en
travaillant bien-sûre.

Pendant mes 3 années, où je portais le corset jour et
nuit, mes humeurs variaient beaucoup : colère, crises,
pleures, quelques petits sourires et quelques rires mais
les bons moments étaient rares.

Les étés étaient très difficiles. Je pouvais l'enlever
seulement 2H00 grand max pour me baigner.
Ces deux petites heures étaient juste magiques.

Se sentir libre, c'est comme une douce évasion. L'air frais qui frôle mon ventre et mon dos crée une sensation de légèreté, un frisson d'anticipation. Je peux presque sentir cette brise légère se glisser sur mes côtes, me rappelant que je suis vivante. Ce moment, même s'il est fugace, est précieux. C'est ce court instant, juste avant de plonger dans l'eau, où tout semble possible.

Une fois dans l'eau, c'est une tout autre magie qui opère. Les vagues m'enveloppent, l'eau caresse ma peau, glissant le long de mon corps comme une étreinte réconfortante. Chaque goutte est une caresse douce, une promesse de liberté. Je me sens portée, comme si tous mes soucis s'évanouissaient dans cet océan de sensations. C'est un moment de pure évasion, où je peux oublier le monde extérieur et simplement savourer l'instant présent.

Ces deux petites heures de liberté, bien que magnifiques, passent trop vite. Chaque seconde est un délice, un rappel de ce que signifie vraiment se sentir vivante. Je voudrais que ces instants durent éternellement, mais je sais qu'ils sont précieux précisément parce qu'ils sont éphémères. C'est dans cette fugacité que réside leur beauté, me laissant avec une douce nostalgie et une envie de revenir à cette sensation de liberté, encore et encore.

Quand je devais le remettre, un nuage sombre, dans mon cœur, réapparaissait et mes yeux se remplissaient d'eau comme un lac se remplit quand une tempête éclate et qu'il pleut à torrent.

Des larmes coulaient le long de mes joues. Des grosses gouttes chaudes ruisselaient sur mon visage si fin, si doux, et si vite éteint.
Ce n'était vraiment pas une partie de plaisir ce corset.

Pour ce qui est de l'hiver, on ne peut pas nier, le corset devenait presque agréable pour tenir chaud.
Presque pas besoin de mettre de veste. Un tee-shirt sous le corset et un pull par-dessus était amplement suffisant.
J'ai bien dit PRESQUE agréable.
Au fait ! Je ne vois ai pas expliquer à quoi ressemblait ma carapasse !
Le corset c'est un plâtre que l'on peut enlever. Je vous laisse imaginer comme il était épais.
Il y avait un trou pour laisser ma poitrine passer, histoire de ne pas s'étouffer à chaque fois que j'essaie de respirer.
Au dessus une barre en fer avec des crans pour la sérrer.
En dessous de la poitrine 2 sangles et une visse pour bien celler le tout. Au moins on est sur que dans la nuit je ne risquait pas de m'y échappé de cette prison!

UN POIDS UN PEU TROP LOURD

C'était un poids un peu trop lourd à porter.

Pendant toutes ses années j'ai dû prendre sur moi pour ne pas piquer de crises de nerfs.

Oui, parfois j'échouais et c'est ma mère qui s'en prenait plein la tête.

Heureusement que ma mère était là d'ailleur... Elle m'a beaucoup soutenue.

Elle savait m'écouter et apaiser ma peine.

Ce n'était pas juste ma mère, c'était aussi ma seule, vraie et grande amie.

Ma meilleure amie ! Celle en qui je pouvais avoir confiance, celle à qui je confiais tout et pouvais parler de mes journées épouvantables.

Bien évidemment, vous allez dire c'est normal c'est ma mère. Mais voyez avec la vôtre si malgré toutes les horreurs que vous lui direz elle restera à coter de vous sans rien dire, attendre que vous lui crachiez des mots aussi forts que de la roche et attendre le bon moment pour vous tendre la main sans rien dire. Sans vous envoyer chier, sans vous sermonner d'être faible. Il n'y a pas beaucoup de parents qui ont la patience et la sagesse de ma mère, croyez-moi.

Je sais, vous me diriez surement que ce n'est rien, qu'il y a pire mais j'étouffais dans ce foutu corset. J'étais emprisonné dans une sphère de rage, une boule de nerf était encrée au plus profond de moi.

Je me sentais très mal, dans ma peau, dans ce corps qui était imparfait.

La mauvaise humeur m'entourait tout comme la peur de devoir porter ce morceau de plâtre toute ma vie et que l'on me surnommerait « Robocop » à tout jamais.

J'étouffais à en perdre mon souffle. Comme quand on est en altitude et que l'on cherche notre air. Comme si un dôme en verre s'était posé sur moi, et que l'on ne pouvait pas le briser. J'étais emprisonnée et ne pouvais pas sortir.

Je devais faire ma peine. Une peine qui pouvait se rallonger suivant ma croissance.

Pour moi, grandir n'était pas, comme tous les enfants, un concours que l'on doit remporter et dont on est fier quand on a grandi car on se sent grand et puissant. Non, pour moi, grandir était juste une frayeur noire, un cauchemar.

Je ne voulais pas grandir. Sinon ma peine allait se rallonger et je ne savais pas pour combien de temps.

Quand j'apprenais que j'avais pris encore 10 cm en l'espace de quelques mois, c'était comme si un torrent d'émotions déferlait sur moi. Je fondais en larmes, chaque goutte de chagrin se mêlant à une profonde frustration. Je pleurais toutes les larmes de mon corps, jusqu'à en être complètement déshydratée, comme si mon âme cherchait à se libérer de ce poids insupportable.

Ces larmes n'étaient pas seulement le reflet d'une croissance physique, mais aussi le symbole d'une lutte intérieure. Chaque centimètre de plus me faisait me sentir encore plus différente. C'était un mélange de peur et de tristesse, comme si je me débattais avec une identité en pleine mutation.

Dans ces moments de désespoir, je cherchais désespérément à comprendre pourquoi cette croissance me faisait tant de mal. J'aurais voulu me sentir fière de mon corps qui change, mais au lieu de cela, je ressentais un vide, une incompréhension de moi-même. Ces larmes étaient un cri silencieux, un appel à la compassion et à l'acceptation, tant de moi-même que des autres.
Et oui, qui dit grandir dit punition.

<u>DES MOTS MÉCHANTS</u>

Au primaire, les enfants ne se rendaient pas compte de ce que j'avais, ils ne faisaient pas attention d'ailleurs. Ils ne remarquaient même pas. J'étais comme tout le monde et j'aimais cette sensation d'appartenir à une bande. Peut-être parce-que je cachais bien mon jeu. Je ne l'avais pas encore jour et nuit. Seulement la nuit. Donc je suppose que j'ai dû garder ça secret. Ou alors comme tous gamins innocents à cet âge-là, mes camarades ne voyaient pas ça comme un handicap mais plutôt comme une carapace, un costume de super héros. Allez savoir…
En tout cas, outre le fait de dormir enfermée dans une coquille, je me sentais bien.

Mais ça n'aura pas duré.

Quand arrive les années de collège, ce bonheur à disparu assez vite, il faut dire. Les gens de mon âge voyaient que j'avais un problème et que je portais quelque chose que pas grand monde connaissait. Un bout de plâtre qui s'attache avec de la ferraille, des sangles et une visse ? C'est bizarre ! Cette fille est différente !

Et à cette époque, on fuit ce qui est différent, ce que l'on ne connait pas, ce que l'on n'a jamais vu ni même entendu parler. Sans doute encore une question d'éducation … Pff désespérant vous ne trouvez pas ?

Beaucoup de gens me regardait de travers, c'était une sensation bizarre.
Hors les regards déplaisants, le plus frustrant était ce que l'on pouvait me dire. Les horreurs que certains enfants puissent te sortir dans une phrase. Les grossièretés qu'ils trouvent à te dire.

Je me souviens d'un jour où j'étais en cours et avais oublié ma trousse, j'ai demandé si quelqu'un aurait un stylo à me prêter et personne ne m'a répondu. Même ma propre copine de classe n'osait pas me le passer. Elle craignait que les moqueries qu'il pouvait y avoir sur moi déteignent sur elle. Je ne lui en veux pas. Il serait trop facile de dire qu'à sa place j'aurais affronté ces monstres et pris la défense de mon amie en détresse.
Ça se trouve je n'aurais pas non plus eu les Cacahuètes de leur faire fermer leur clapé.
« Celui qui passe le stylo à Ophélie sera contaminé à tout jamais attention ! »
C'est, du coup, ma prof qui m'en a passé un et les a sermonnés.

Une autre fois, je me suis disputé avec une fille dans la cour de récréation, je ne sais plus exactement pourquoi mais cela devait être d'une débilité profonde. Je lui ai répondu un peu sèchement car je n'allais tout de même pas me laisser faire !
Ça ne lui a pas plu du tout et a fini par m'insulter, et me cracher dessus.
Littéralement: Me cracher dessus!

Je cite, en espérant que vous serez choqué aussi bien que je l'ai été : « tu es qu'une sale handicapée, honte à toi ! Les handicapés n'ont rien à faire dans les écoles ! C'est à Sant'Ornello qu'il faut aller ! »

Ces propos ne vous choques-t-il pas ?
Je précise quand même que Sant'Ornello est un hôpital psychiatrique et que je n'ai donc rien à faire là-bas juste pour un simple problème de dos.
Bref.
Il n'y a pas à lui en vouloir, … être ado ce n'est pas si simple. Surtout quand ton cerveau est encore « en cours de construction ».

Si, à cette époque, j'avais eu le caractère que j'ai aujourd'hui, je ne me serais pas laissé simplement cracher dessus. Elle aurait dû lustrer mes godasses avec sa si belle salive.

Et ce n'est pas tout, il y en a eu tellement qu'à force je n'en souffrais plus de ces mots. Je m'étais habituée et ne faisait plus vraiment attention.
Puis, à vraie dire, tout vous raconter serait bien trop long et je n'ai pas le courage pour surmonter une nouvelle fois à tout ça. Et en y réfléchissant bien, c'est assez rébarbatif de lire ce genre de chose. Je suis là pour vous raconter ce que j'ai endurée certes, mais je ne suis pas la pour attiser votre haine sur ce genre de personnes.

Que l'on soit bien d'accord : je n'en veux absolument pas à ces enfants qui ont pu être d'une débilité profonde. Avec du recul, ils me font même de la peine. Devoir harceler pour se sentir exister… dire que plus tard on sera étonné de leurs problèmes d'égos…
Et surtout, dire que plus tard, ils seront emmerdés par le fait que leurs enfants soient des harceleurs ou bien attristés du fait d'avoir un enfant harcelé.

Oh purée, j'ai failli oublier de vous raconter cette anecdote ! Vous allez rire, c'est le karma, comme on dit, la roue tourne.

C'était un jour où, encore une fois, je me faisais charrier sur mon problème de dos. Cette fois, c'en était trop ! J'étais décidé, je voulais en finir avec ces petits cons ! Je me lève pour aller taper un camarade de classe qui se moque de moi. Et heureusement pour lui, je suis retenu par ma chaise ! Mon corset se bloque dans la chaise. Vous savez, ces chaises en bois horribles avec un dossier uniquement au niveau des omoplates et en bas du dos, il n'y a rien, c'est un trou. Voilà, ce genre de chaise ! Je me coince dedans et ne peux pas me lever pour aller le frapper !

L'heure de cours passe et la sonnerie retentit. Mon camarade de classe vient me voir pour se moquer de moi par rapport à la chaise. Il oublie que j'ai le corset et me met une tape dans le dos. Et là, j'entends résonner dans mon corset et il se met à hurler ! Ce con a réussi à se péter le poignet !!

Franchement, c'était tellement inattendu et ironique que j'ai éclaté de rire ! Le karma a vraiment bien fait les choses sur ce coup-là.

TERRIBLE CAUCHEMAR

A force de se sentir différente, je suis hantée chaque nuit par un cauchemar incessant.

Je suis doublement emprisonnée, doublement coincée dans mon corset et dans une cage. Une cage à humain comme une cage à oiseaux. Dans une pièce vide, froide et sombre. Je suis accrochée aux barreaux. Je ne sais pas ce que je fou là.

J'ai froid, je me sens mal, j'ai la boule au ventre et la bile qui me monte à la gorge. D'être enfermée j'en ai envie de dégueuler. Je ne voie personne. Personne pour venir m'aider. A quoi ça servirait de se mettre à crier ?

D'un coup la pièce vide, seulement habitée de cette cage, cage où je suis enfermée, s'allume. Une lumière si forte que j'en ai mal aux yeux. Vous voyez les lumières d'hôpital ? C'est la même intensité.

Pourquoi les gens rentrent dans cette pièce ? Pourquoi ils me regardent tous et me pointent du doigt ? J'ai la sensation d'être une bête de foire, d'être à vendre.
 Ils rigolent tous. Qu'est-ce qu'il y a de si drôle ? Qu'on m'est enfermé dans cette cage ? Ou bien mon accoutrement ? Une jeune fille de 12 ans en culotte et tee-shirt blanc avec un corset sur ce haut blanc bien trop grand. Des cheveux longs décoiffés, en pagaille.

Je me sens exposée, vulnérable, comme si chaque regard perçait mon âme. Je veux disparaître, me fondre dans les murs de cette pièce, mais je suis là, captive de ce spectacle grotesque. Les rires résonnent comme des coups de fouet, me rappelant à chaque instant ma différence, cette étiquette que je ne peux pas enlever. Je serre les barreaux de mes mains, espérant qu'ils céderont sous la pression de ma volonté.

Mais la lumière ne s'éteint pas, et les rires continuent. Je me demande si quelqu'un, parmi cette foule, ressent la moindre empathie. Peut-être que derrière leurs sourires se cache une peur de l'inconnu, une incapacité à comprendre ce que je ressens. Je suis bien plus qu'un simple spectacle ; je suis une personne, avec des rêves, des désirs, et une douleur qui me ronge de l'intérieur.

Ça m'énerve, je ne comprends pas. Je suis frustrée.
J'ai la gorge nouée et le cœur serré. Je cris, j'hurle jusqu'à en avoir le souffle coupé.
Je suis enragée de voir ces gens se foutre de moi. Je suis une lionne enchainée aux barreaux d'une cage pour le bonheur des spectateurs d'un zoo ou d'un cirque.

Je veux me libérer, briser ces chaînes qui m'étouffent. Les murmures et les rires résonnent dans ma tête comme une mélodie sinistre, un refrain que je ne peux pas ignorer.

Je me bats contre cette rage qui monte en moi, cherchant désespérément un moyen d'échapper à cette humiliation. Mon esprit s'emballe, imaginant des scénarios où je reprends le contrôle, où je fais face à ceux qui me jugent avec courage et détermination. Je veux leur montrer que je suis bien plus qu'un simple divertissement, que ma valeur ne se mesure pas à leur regard.

Alors, je respire profondément, cherchant un moyen de canaliser cette colère. Peut-être que cette rage peut devenir ma force, une force qui me poussera à me lever et à me battre pour ma place dans ce monde. Je suis prête à me libérer, à rugir ma vérité et à faire en sorte que personne ne puisse plus jamais m'ignorer.

A force de bouger, la chaine, tellement serrée, me scie la cheville. Je rêve de liberté. Venez me libérer que je puisse sauter sur ces humains cons à en crever.

Je sens la douleur irradier dans ma cheville, mais elle ne fait qu'attiser ma colère. Chaque mouvement me rappelle que je ne suis pas faite pour être enchaînée, que j'ai besoin d'espace, de d'air et de lumière.
La rage qui bouillonne en moi est une flamme, et je suis prête à l'utiliser pour briser ces chaînes.

Le réveil sonne. Je me réveille en sursaut. Et rebelote, retour à la réalité. Encore une journée dans l'horreur qui me demande d'affronter, dans ce collège, toutes mes plus grandes peurs.

<u>ENFIN LIBÉRÉE !!</u>

Nous sommes en avril 2014, je prends l'avions direction
Marseille.
Une fois à l'aéroport, je prends le métro pour aller à La
Timone faire, comme d'habitude, mes radios.
Nous avons rendez-vous pour 9H00. J'arrive. Nous allons
directement faire les radios, premier étage.
Etonnant d'ailleurs que je n'aille pas voir le professeur
Artufel faire un point sur ces 3 derniers mois, récupérer
mon bon de passage et ensuite descendre faire ma radio.

C'est au 10ème étage, avec le docteur Bolini que nous
calculons les degrés. J'attends devant son box.
Après un peu de patience, il m'ouvre enfin la porte et me
fait renter dans son bureau. Il griffonne sur la radio, il
trace des droites …
Ensuite, il met sur un panneau lumineux la radio avec la
précédente, faite il y a 3 petits mois, et ne parle plus. Je
commence à m'impatienter et surtout m'inquiéter.

Après 5 bonnes minutes de silence, il me demande de
regarder et lui dire si je remarque quelque chose. Je vais
être honnête avec vous je ne comprends rien et je n'ai
pas envie de jouer les médecins. Je dois avouer que je
suis en sueur, en panique totale. Je me dis que je suis
dans la mouise, qu'il va encore me faire des réflexions,
me terminer comme il l'a déjà fait.
Je stress au point d'en avoir la goutte au front et des
bouffées de chaleur.

C'est pas possible. Je pense que toutes les horloges du monde se sont arrêtées pour me faire marroner!

Ah enfin !! Tu le vois comme moi ? La lueur d'espoir qui revient? Le visage du docteur qui s'illumine?

Il fait un grand sourire, me sert la main et me dit « bonne continuation ! Vous voyez quand on fait du bon boulot !». Je comprends donc que je suis enfin libre. Libérée de ce calvaire.

AAAAHHH !!! J'ai envie de crier, pleurer, rigoler, sauter, courir, faire n'importe quoi!
Même quand j'en écrit ces phrases je souris bêtement devant mon ordi.

C'est incroyable comme la vie peut changer en un instant. Je quitte la pièce, l'énergie débordante, comme si chaque cellule de mon corps avait été réanimée. Je sors de l'hôpital, et l'air frais me frappe le visage comme une caresse. Je respire profondément, savourant la sensation de liberté qui m'envahit.

Je me mets à courir sans réfléchir, les jambes légères, le cœur battant, dans les rues de Marseille. Je veux tout goûter, tout ressentir. Les couleurs du monde semblent plus vives, les sons plus doux. Je crois que je pourrais danser au milieu de la rue, partager ma joie avec quiconque croiserait mon chemin. Chaque sourire échangé est une promesse que la vie peut être belle, même après l'obscurité.

Alors que je m'éloigne, je réalise que ce n'est pas seulement la fin d'un calvaire, mais le début d'une nouvelle aventure. Je suis prête à embrasser l'inconnu, à écrire ma propre histoire, une histoire où je suis l'héroïne. Rien ne pourra m'arrêter maintenant. Je suis libre, et le monde m'attend.

Adieu fichu corset ! Adieu fâcheuses moqueries.

REVANCHE

J'ai appelé cette partie revanche parce que peu importe les choses que j'ai vécu, j'en ai tiré que du positif.
Il m'a fallu du temps avant de relativiser mais j'ai réussi à passer outre.

Pendant 7 ans j'ai porté un corset, les 4 dernières années ont été les plus dures. Et c'est réellement durant ma dernière année scolaire 2013/2014 que j'ai relevé la tête.

Revanche pourquoi ? Pour plusieurs raisons.
Tout d'abord, ce que je nommerais le Karma.
Comme je vous le disais tout à l'heure, une personne dans mon collège venait encore me chercher. J'ai finalement décidé de ne pas laisser passer cette fois-ci. Elle a voulu me mettre une tape dans le dos.
Manque de bol, elle n'a pas réfléchi que ma carapace était là pour me protéger. Et moi, je me suis bien marrée!

Revanche aussi parce que je suis sortie de cette prison plus forte que jamais. Cette expérience m'aura bien fait murir et surtout ça m'aura forgé, endurcie mon caractère.
Maintenant peu importe ce que vous dites ou faites rien ne m'atteindra. Je n'ai plus de corset mais j'ai tellement endossé que je suis aussi dure qu'un gilet par balle.

Pour moi, la plus belle revanche n'est pas de céder à la soif de vengeance. Mais leur montrer que nous sommes au-dessus. Vouloir se venger et essayer de leur faire mal autant qu'ils nous en ont fait ne serait que leur donner de l'importance. Vouloir renvoyer la balle pour être en boucle ? Pour que ce soit un cercle vicieux ? Non merci !

Savez-vous aussi comment je prends ma revanche, qu'elle est ma plus belle vengeance ? Ecrire et publier ce livre. Et la cerise sur le gâteau ? Qu'un des petits cons qui a essayé de me faire tomber, lise ce livre et se rappelle de ce qu'il a fait.
Pour moi, aujourd'hui je reprends l'avantage, avec ce livre, après qu'ils aient eu le dessus. Et ça, ça fait du bien. Je me libère d'un poids, je me sens plus légère. Fière d'avoir écrit cette nouvelle, de vous avoir transmis mes émotions et les épreuves de ma vie.
Ce livre, c'est ce que j'appelle : ma vengeance.

<u>MÉMOIRE ET SENTIMENT</u>

Vous vous demandez peut-être comment avoir encore autant de détails si longtemps après que cela se soit produit. En grande partie parce que tout ça m'a marqué. M'a touché au plus profond de moi.

Je suis heureuse de vous apprendre que pour écrire ce livre j'ai fait appel à mes fonctions cognitives et ma mémoire émotionnelle.

En résumé : j'ai fait marcher mon cerveau pour permettre de percevoir, de me concentrer, de raisonner, d'acquérir des connaissances et surtout de me souvenir.

De refaire surgir, lors de mes écrits, tout ce que j'avais gardé dans un coin au fond de ma tête.

Notre cerveau est une grande réserve. Nous avons plusieurs mémoires qui peuvent être guidée par nos sentiments.

Il existe 5 types de mémoire : la mémoire de travail, la mémoire sémantique, l'épisodique, la procédurale et la mémoire perceptive.

Afin d'écrire cette nouvelle, j'ai donc fait appel, essentiellement, à la mémoire sémantique et épisodique.
Que nous pourrons appeler: mémoire à long terme.
Elle œuvre dans la mémorisation d'informations que nous pouvons exprimer par le langage comme un souvenir.
Et permet également l'acquisition et l'utilisation de compétences motrices comme apprendre à marcher, savoir écrire, jouer au tennis, faire du vélo…

La mémoire sémantique est notre mémoire des faits et des concepts théoriques.
En gros, elle nous permet de stocker dans notre petite réserve, le cerveau, des connaissances générales basiques comme ce que l'on apprend au cours de notre enfance (le nom des objets, à compter, la géographies, …) et des connaissances générales personnelles (notre histoire, notre personnalité).

La mémoire épisodique, elle, a la capacité de stocker les informations concernant les évènements vécus et leur contexte (date, lieu, les sentiments évoqués) .
C'est la mémoire la plus touchée par l'amnésie rétrograde. Les gens atteints d'Alzheimer, non plus la capacité d'utiliser cette mémoire épisodique.

Ces 2 types de mémoire nous offres donc la possibilité de voyager dans le temps.

J'ai pu refaire surgir mes émotions à la surface grâce à mes sens cognitifs. Grâce à une capacité en particulier : la capacité de se souvenir. Si ce n'est pas la plus belle chose, se souvenir.

Vous allez me dire : mais pourquoi vouloir se souvenir de choses qui t'ont fait souffrir Ophélie ?

Peut-être mais c'est aussi ça qui m'a fait évoluée. Qui a fait de moi la femme que je suis aujourd'hui. Peu importe les épreuves de la vie, j'en ressortirais toujours plus forte.

Si je peux vous donner un conseil, quand tout va mal, ce serait de se vider l'esprit que ce soit par le sport, l'écriture, la musique, …

Et ne pas craindre d'être fière de soi-même, de son histoire. Ne pas craindre d'être jugée car les personnes qui jugent sont souvent plus mal que nous et essaient de se sentir mieux en rabaissant les autres, en essayant de nous entrainer avec eux dans leur chute au lieu d'essayer de se relever.

Croyez en vous, c'est important.

<u>MERCI INFINIMENT</u>

Pour clôturer mon petit livre, j'aimerai remercier certaines personnes qui m'ont aidées et accompagnées tout au long de ce projet et bien plus encore, sur pleins d'étapes de ma vie. J'aimerai également leur dire à quel point je les aime !

Merci maman de m'avoir soutenu et d'avoir été plus que patiente dans mes périodes sombres. Je t'en suis extrêmement reconnaissante. Et sais, qu'en lisant ce livre tu verseras ta larme car toi aussi tu en as souffert.

Merci papa de me pousser chaque jour à réaliser mes rêves et de toujours foncer tête baisser pour moi, pour mon bonheur. Bien entendu que le si beau sourire que je porte sur mon visage est grâce à toi.

Merci à mon petit écureul, ma fille, de me donner de la force et de l'énergie chaque matin. Tous les jours je reçois une vague d'amour et ne cesserai jamais de lui en envoyer en retour.

Merci Crapaud, ma meilleure amie, qui a lu en «avant-première » ce livre et qui m'a soutenue tout au long de ce projet. Je dois avouée que sa lecture ne doit pas être de ce qui est de plus objectif. Mais une chose est sur c'est que ça ne peut pas être démoralisant.

Merci également à ma belle sœur qui m'a offert une correction. C'est finalement grâce à elle si vous n'êtes pas entrain de vous arracher les cheveux.
Parce que oui, tellement enfermée dans l'émotion que j'ai écris ce livre comme si je me mettais à nu sans me soucier de me faire réellement comprendre. Alors certaines phrases étaient pire que du charabia.

Enfin, Milles merci à vous, lecteurs, de me donner une certaine victoire. Je suis pleinement comblée à l'idée de me sentir épaulée. Comme on dit le karma a tourné.

"On a tous dans le cœur, un vide, une entaille,
un sentiment d'abandon et de solitude"
Guillaume Musso

"Seuls ceux qui se soucient de toi peuvent
t'entendre lorsque tu es silencieux"

Édition : BoD · Books on Demand, 31 avenue Saint-Rémy,
57600 Forbach, bod@bod.fr
Impression : Libri Plureos GmbH, Friedensallee 273,
22763 Hamburg (Allemagne)
ISBN : 978-2-3224-9643-3
Dépôt légal : Décembre 2024